Seelenbuch Verlag 

Seelenbuch Verlag

# Danksagung

Mein Dank gehört Dir!

BETTINA GRONOW

# EN 365 DÍAS

Alcanza las estrellas del cielo,
en vez de las piedras del suelo.

## DEIN TAGESBEGLEITER IN SP/DE

Seelenbuch Verlag

Seelenbuch Verlag

© von Anbeginn bis 2024 ~ Seelenbuch Verlag

| | |
|---|---|
| Herausgeberin | Bettina Gronow |
| Autorin | Bettina Gronow |
| Covergestaltung | Nathalie Geiger |
| Coverbild | Bettina Gronow |
| Autorenfoto | Detlef Postler |
| Layout & Satz | Alexa Zwölfer |
| Übersetzung | Laura Candela Sanjuán |
| Korrektorat | Sybille Weingrill |
| Druck | Libri Plureos GmbH, Friedensallee 273, 22763 Hamburg |

2. Auflage

ISBN: 978-3-910337-81-7

All meinem Wirken und Sein gebe ich die Zutaten
der Liebe,
der Schönheit,
der Vollkommenheit und
der Vollendung hinzu.

BoD kümmert sich nach bestem Wissen und Gewissen darum,
dass dieses Buch zu dir gelangt. Viele pflichtbewusste Aufgaben
liegen in den Händen von BoD. Besten Dank dafür!

Natürlich befindet sich dieses Buch auch in der
Deutschen Bibliothek und wird dort für die Nachwelt aufbewahrt.
Hier wirst du fündig: https://www.dnb.de

# Inhalt

# Ein Wort zu Beginn

*„Die Grenzen deiner Sprachen
sind die Grenzen deiner Welt."*

Für all diejenigen, die in den Genuss der
spanischen/deutschen Sprache kommen möchten
und sich zugleich mit ihrer eigenen Persönlichkeit
beschäftigen wollen, ist dieses Buch genau das
Richtige. Der tägliche zweisprachige Satz
verbindet nicht nur die zwei verschiedenen
Sprachen Englisch und Deutsch, sondern er
verkörpert ebenso die Individualität dieser beiden.
Das Buch bietet dabei genügend Raum für
Interpretationen und ausreichend Platz für ganz
eigene Gedanken. Begeben Sie sich ein Jahr lang
auf eine geistliche Entdeckungsreise und trainieren
Sie zugleich Ihre sprachlichen Fähigkeiten!

# Enero

Januar

# 1. Januar

Escucha y siente la plenitud de las palabras
que te encuentres a lo largo de la vida.

*Höre und fühle die Fülle der Wörter, die dir begegnen.*

# 2. Januar

Tu alma te muestra lo que necesitas para tu existencia.

*Deine Seele zeigt dir, was sie für ihr Dasein braucht.*

# 3. Januar

No importa el estado de ánimo que tengas hoy,
tú eres más listo porque puedes sonreir.

*Egal, welche Stimmung dir deine Laune heute präsentieren mag,*
*du bist schlauer als sie, denn du kannst lächeln.*


# 4. Januar

Crece, prospera y saca todo tu potencial.

*Wachse, gedeihe und schöpfe dein Potenzial voll aus.*

## 5. Januar

Ahora estás aquí; pero ¿dónde estarás algún día?

*Hier stehst du nun; doch wo wirst du einst stehen …?*

## 6. Januar

Tú creas tu propia realidad,
o de colores o en blanco y negro.

*Du erschaffst dir deine eigene Realität,
ob in bunter Farbe oder in Schwarzweiß.*

## 7. Januar

Todos estamos interconectados, lo que no-sotros
les hacemos a los demás, nos lo esta-mos haciendo
a nosotros mismos, y lo que los demás nos hacen
a nosotros, se lo están ha-ciendo a sí mismos.

*Wir alle sind miteinander verbunden,*
*und was wir anderen antun, tun wir uns selbst an.*
*Und was uns andere antun, fügen sie sich selbst zu.*

## 8. Januar

Cambia para que tu voz interior y tú seáis uno solo.

*Verändere dich so, dass du und deine innere Stimme eins seid.*

# 9. Januar

Las reuniones aclaratorias satisfacen tu alma.

*Klärende Begegnungen befriedigen deine Seele.*


# 10. Januar

Son la carne y la sangre los que le dan vida a tu corazón
y no la frialdad y la indiferencia.

*Fleisch und Blut machen dein lebendiges Herz aus*
*und nicht Kälte und Gleichgültigkeit.*

# 11. Januar

Debes aferrarte y creer en los deseos
que sean de corazón para que se hagan realidad.

*Wünsche, die von deinem Herzen kommen, solltest du festhalten
und du solltest an sie glauben – damit sie Realität werden können.*


# 12. Januar

Se justo contigo y con el mundo,
tu fuerza podrá desarrollarse mejor.

*Sei gerecht zu dir und zu der Welt,
dann kann sich deine Kraft am besten entfalten.*

## 13. Januar

Ten fe en tí,
especialmente en los callejones estrechos de la vida.

*Glaube an dich, besonders in den engen Gassen des Lebens.*


## 14. Januar

Tú cargas con tu propia culpa y tu responsabilidad.
Puedes librarte fácilmente de tu culpa,
pero no de tu responsabilidad.

*Du trägst deine Schuld und Verantwortung in dir selbst.*
*Befreien kannst du dich jedoch nur von deiner Schuld*
*– nicht aber von deiner Verantwortung.*

## 15. Januar

Todo lo que hacemos se ve.
Todo lo que hagas, se descubrirá.

*Du wirst gesehen! All das, was du tust, bleibt nie unentdeckt.*


## 16. Januar

Sigue tu camino junto a una persona
y no te arrepentirás.

*Geh mit einem Menschen deinen Weg
und du wirst es nicht bereuen.*

# 17. Januar

Tus manos estarán vacías
si no empiezas a creer en tí mismo y en el bien.

*Deine Hände werden leer sein, wenn du nicht beginnst,
an dich und an das Gute zu glauben.*


# 18. Januar

El viento, depende de la temporada,
sopla más fuerte o más débil,
pero tu camino puede seguir siendo el mismo.

*Je nach Jahreszeit bläst der Wind stärker oder schwächer
– doch dein Weg kann derselbe bleiben.*

# 19. Januar

Si engañas a la vida,
te estás engañando a tí mismo y a tu valor.

*Betrügst du das Leben, betrügst du dich und deinen Wert.*


# 20. Januar

A tu alrededor siempre hay alguien dispuesto a echarte
una mano, solo tienes que pedirla y coger-la.

*Es gibt immer eine helfende Hand links oder rechts von dir,*
*du musst nur nach ihr fragen und sie annehmen.*

La gratitud debe envolverte siempre por completo,
como el agua envuelve a las rocas al romper las olas.

*Dankbarkeit sollte dich immer umspülen,*
*wie das Wasser einen Felsen in der Brandung.*



Comparte tus pensamientos y sentimientos con
el mundo que te rodea y muestra quién eres realmente.

*Teile deine Gedanken und deine Gefühle mit der Welt,*
*die dich umgibt, und zeige, wer du wirklich bist.*

Los seres humanos nos sentimos abrumados por
las preocupaciones y los problemas, los elogios,
si son de corazón, lo hacen todo más fácil.

*Sorgen und Probleme erdrücken uns Menschen, doch gegenseitige
freundliche Wörter – die von Herzen kommen – erleichtern vieles.*




La humildad te permite ver las cosas bellas
de la vida y valorarlas.

*Demut lässt dich die schönen Dinge des Lebens sehen
und sie wertschätzen.*

# 25. Januar

Tu vida está lista y te está esperando!

*Dein Leben ist bereit und wartet auf dich!*

# 26. Januar

Cambia el rumbo y sé más alegre y libre.

*Wende dich und werde heiter und befreit.*

La espiritualidad que hay en tí puede ayudarte
más de lo que tú te piensas.

*Das Geistliche in dir kann dich mehr unterstützen,*
*als du annimmst.*



Al principio era el miedo el que se hacía sentir y al final
a causa de ello pueden ser la confianza y la esperanza.

*Am Anfang war es die Angst, die sich bei dir meldete,*
*und am Schluss kann daraus Vertrauen und Zuversicht werden.*

## 29. Januar

Uniendo nuestras fuerzas
aumentamos nuestro potencial.

*Indem wir uns zusammentun, erhöhen wir unser Potenzial.*

## 30. Januar

La paz no es un deseo, sino una actitud.

*Frieden ist kein Wunschwort, sondern eine Einstellung.*

No te dejes deformar por la vida.

*Lass dich nicht vom Leben verformen.*

# Febrero

## Februar

## 1. Februar

Sé fuerte y valiente.

*Sei stark und mutig.*


## 2. Februar

Todos llevamos las cuentas de nuestras acciones
siempre con nosotros.

*Wir alle tragen die Rechnungen für unser Handeln immer bei uns.*

# 3. Februar

Las cosas pasan en tu vida tal y como fueron planeadas
tiempo antes de nuestra existencia.

*Die Dinge passieren genau so in deinem Leben, wie sie einst
— lange vor uns — aufgereiht wurden.*


# 4. Februar

Tu trabajo principal es tu vida.

*Dein Hauptwerk ist dein Leben.*

## 5. Februar

La vida comienza a ser interesante
cuando nos damos cuenta de nuestros errores.

*Das Leben fängt dann an, interessant zu werden,*
*wenn dir deine Fehler bewusst werden.*

## 6. Februar

¡Construye sobre lo que ya existe!
Queda mucho espacio aún hacia arriba.

*Bau auf! Auf das, was schon vorhanden ist,*
*denn es ist nach oben hin viel Luft.*

7. Februar

Confía en el corazón, no en la razón.

*Verlass dich auf dein Herz und nicht auf deinen Verstand.*


8. Februar

Dar las gracias, en cualquier momento,
es el valor de tu ser.

*Danke sagen – zu jeder Zeit – ist der Wert deines Selbst.*

# 9. Februar

Si confias, recibirás cada día lo que necesitas.

*Wenn du vertraust, dann wirst du jeden Tag das erhalten,*
*was nötig ist.*


# 10. Februar

Si quieres lograr más cosas, empieza tu día temprano,
antes de que despierte el sol.

*Noch früh – bevor die Sonne aufwacht*
*– beginnt dein Tag, wenn du mehr erreichen willst.*

## 11. Februar

Espera y estate tranquilo.
Entonces tu alma se comunicará contigo.

*Warte ab und werde ruhig. Dann meldet sich deine Seele von selbst.*


## 12. Februar

Lo que siempre has querido ser, se.

*Was immer du werden möchtest, werde es.*

# 13. Februar

Eres una luz en este mundo, ilumínate.

*Du bist ein Licht dieser Welt. Bringe dich zum Leuchten.*

# 14. Februar

Concéntrate, ordena tus ideas
y minimízalas en un punto y tendrás éxito.

*Konzentriere, ordne und minimiere dich auf einen Punkt
und du wirst Erfolg haben.*

# 15. Februar

El bien y el mal pertenecen a la vida,
como el agua y el fuego a la tierra.

*Gutes und Schlechtes gehört zum Leben
— wie Wasser und Feuer zur Erde.*


# 16. Februar

Tus pensamientos no son mis pensamientos,
sin embargo, siempre volvemos a encontrarnos.

*Deine Gedanken sind nicht meine Gedanken,
dennoch treffen wir uns immer wieder.*

# 17. Februar

¿Qué pasa si lo que buscas lleva
en tu interior desde hace mucho tiempo?

*Was wäre, wenn das, was du suchst, schon längst in dir weilt?*

# 18. Februar

Antes de entregarte a los demás,
entrégate por completo a tí mismo.

*Bevor du dich anderen hingibst,*
*gib dich dir selbst – vollkommen – hin.*

# 19. Februar

Tu lado competitivo debe ganar al final del día.

*Die kämpferische Seite in dir sollte am Ende des Tages siegen.*

# 20. Februar

Si has sido fiel a tus valores,
no te avergüences te tus acciones.

*Schäme dich nicht für dein Tun,*
*wenn du deinen Werten treu geblieben bist.*

# 21. Februar

El tiempo corre más y más rápido,
por eso el momento es lo más importante.

*Die Zeit dreht sich immer schneller,*
*daher ist der Moment umso bedeutender.*

# 22. Februar

Cada vez somos más como sombras paseando
a través de las diferentes épocas.

*Wir alle sind mehr als nur wandelnde Schatten*
*durch verschiedene Zeiten!*

Sigue tu alma y seguirás tu belleza.

*Folge deiner Seele und du folgst deiner Schönheit.*




No cambies por darles una alegría a los demás.

*Nimm nichts von dir, was anderen Freude bereiten kann.*

## 25. Februar

No puedes esconder tus pensamientos
porque se reflejan en tu cara.

*Du kannst deine Gedanken nicht verbergen,*
*denn sie zeichnen dein Gesicht.*


## 26. Februar

No importa lo pequeño que sea el esfuerzo
que tengas que hacer, puede ser una gran hazaña.

*Deinen Beitrag zu leisten,*
*egal, wie klein er auch sein mag, kann eine große Tat sein.*

## 27. Februar

Sólo debes cambiar tu rumbo
cuando hayas llegado a tu meta.

*Erst wenn du am Ende angekommen bist,*
*solltest du deine Richtung wechseln.*

## 28. Februar

La vida misma tiene humor,
aunque no siempre lo entendamos.

*Das Leben selbst hat Humor,*
*auch wenn wir ihn nicht immer gleich verstehen.*

Sólo el autoreproche es bueno para uno mismo.

*Wenn du dich selbst zurechtweist, kann das für dich nur recht sein.*

Marzo

März

## 1. März

Hay opiniones personales,
tú puedes quedarte con la tuya tranquilamente.

*Es gibt persönliche Einstellungen,*
*da kannst du ruhig standfest bleiben.*

## 2. März

Tus pies y tu fe te llevan a cualquier sitio.

*Deine Füße und dein Glaube tragen dich überallhin.*

## 3. März

¿Funciona la justicia sin injusticia?

*Gerechtigkeit zu verwirklichen, ohne dabei ungerecht zu werden
– geht das?*

## 4. März

Sé tú mismo un modelo de esperanza en vez de estar
siempre puntualmente esperando.

*Werde selbst zur Hoffnung, anstatt punktuell zu hoffen.*

# 5. März

¡Nada de lo que haces es en vano! Y todo lo que llevas
a cabo para madurar es el doble de útil.

*Nichts, was du tust, ist umsonst! Und alles,*
*was du für dein Heranreifen unternimmst, ist doppelt so viel wert.*

# 6. März

Apóyate y déjate caer, tan intensamente como puedas.

*Lehn dich an, und lass dich fallen, so tief du nur kannst.*

Aquellos que te crearon merecen respeto.

*Denen, die dich erschaffen haben, gebührt der Respekt.*



Se paciente contigo y con el mundo.

*Habe Geduld mit dir selbst und mit der Welt.*

# 9. März

Todo lo nuevo en tí será duradero,
tan pronto como haya llegado a tierra firme.

*All das Neue in dir wird Bestand haben,*
*sobald es auf festem Boden angekommen ist.*

# 10. März

Expande tu lealtad,
así la paz puede alojarse en tu interior.

*Breite Treue in dir aus, sodass Ruhe einkehren kann.*

## 11. März

Si hay luz en tu interior y empiezas a brillar,
esta luz puede ayudar a los demás.

*Wenn es in dir drinnen hell wird,
du zu leuchten beginnst, kann dieses Licht anderen helfen.*


## 12. März

Siempre debes recordar lo que te hace más grande.

*Du solltest dich immer wieder daran erinnern lassen,
was dich größer werden lässt.*

# 13. März

Tú puedes pedir de todo, pero si no te pones en acción,
el resultado tardará una eternidad.

*Du kannst um alles bitten,*
*doch ohne ein Handeln dauert die Erfüllung meist eine Ewigkeit.*

# 14. März

Tus relaciones reflejan lo que estás dispuesto a dar.

*Deine Beziehungen spiegeln das wider, was du bereit bist, zu geben.*

Sobrevuela tu vida como un águila
y disfruta las perspectivas.

*Fliege wie ein Adler über dein Leben und genieße die Perspektiven.*




El espacio del tiempo
también tiene que ser un sitio para tu alma.

*Im Raum der Zeit darf es auch einen Platz für deine Seele geben.*

Tu belleza interior no es lo que puedes
ver reflejado en un espejo.

*Deine innere Schönheit ist nicht das,*
*was du in einem Spiegel sehen kannst.*




La lluvia que cae al suelo limpia tu espíritu
y alimenta tu vida.

*Der zu Boden fallende Regen reinigt deinen Geist*
*und nährt dein Leben.*

## 19. März

Aunque algunos días son difíciles y torcidos,
tu llama in-terior no se apagará.

*Die Blicke mögen sich an manchen Tagen schief*
*und schwer anfühlen,*
*doch deine innere Flamme werden sie nicht erlöschen.*

## 20. März

Ya está a tu lado todo aquello que echas en falta.

*Was auch immer zu fehlen scheint, es ist schon bei dir.*

Coge tu mano y guíate a través de tu vida.

*Nimm deine Hand und führe dich durch dein Leben.*



Las cosas que tenemos no nos pertenecen,
nosotros solo somos meros guardianes.

*Was wir haben, gehört uns nicht,*
*wir sind nur Behüter von den Dingen.*

# 23. März

Cuantas más acciones llevas a cabo, más vives.

*Je mehr du handelst, desto mehr lebst du.*

# 24. März

En vista de lo que la gente hace o ha hecho,
no debemos cerrar los ojos, sino mantenernos alerta.

*Angesichts dessen, was wir Menschen tun und getan haben,*
*sollten wir nicht die Augen verschließen, sondern wachsam sein.*

La esperanza está en el horizonte y te está esperando.

*Die Hoffnung liegt am Horizont und wartet auf dich.*



El apoyo es la forma más fácil de progresar juntos.

*Unterstützung ist die leichteste Form,*
*um gemeinsam weiterzukommen.*

Tu luz interior te muestra tu camino.

*Dein inneres Licht zeigt dir deinen Weg.*



Estamos vivos y eso nunca debemos perderlo de vista.

*Wir leben, und das sollten wir nie aus den Augen verlieren.*

Existen lugares para la tranquilidad y la sencillez,
si se desea se pueden encontrar.

*Orte der Ruhe und der Einfachheit sind da,*
*wenn du sie finden willst.*




Si utilizas tu manos y tu cabeza,
no necesitas avergonzarte.

*Wenn du deine Hände und deinen Kopf verwendest,*
*brauchst du dich nicht zu schämen.*

Solo haz aquello que está bien.

*Tu nur das, was gut ist.*

# Abril

April

# 1. April

En el silencio podemos conocernos a nosotros mismos.

*In der Stille können wir uns erkennen.*


# 2. April

¿Quién es tu juez, tu legislador y quién es tu rey?

*Wer ist dein Richter, dein Gesetzgeber und wer dein König?*

## 3. April

Sembrar una semilla, regarla y ver como crece,
es uno de los verdaderos placeres de la vida.

*Ein neues Samenkorn zu sähen, zu bewässern und mit anzusehen,*
*was sich daraus entwickelt, ist eine wahre Lebensfreude.*

## 4. April

¡Estás vivo!
Disfruta y celebra con alegría tu vida y tu vitalidad.

*Du lebst!*
*Genieße und feiere mit Freude dein Leben und deine Lebendigkeit.*

## 5. April

Es sospechoso siempre las mismas reacciones
desagradables, siempre en las mismas situaciones.

*Immer gleiche unangenehme Reaktionen
in immer gleichen Situationen sind verdächtig.*

## 6. April

¡La paz lo conquista todo!

*Friede ist der Sieg über alles!*

## 7. April

Cuida de tu alma y cuidarás de tí mismo.

*Achtest du auf deine Seele, achtest du dich selbst.*

## 8. April

... compartimos todo lo que tenemos,
porque nada nos pertenece.

*... und wir teilten alles, was wir besitzen, denn uns gehört nichts.*

## 9. April

Mantener la cabeza fuera del agua
puede ser un reto físico.

*Deinen Kopf über Wasser zu halten,*
*kann mitunter eine ordentliche sportliche Herausforderung sein.*


## 10. April

El calor del amor es mil veces más bonito
que el calor del sol.

*Die Wärme der Liebe ist tausendmal schöner*
*als die Wärme der Sonne.*

# 11. April

Cuando se acerca una tormenta, es hora de meditar.

*Wenn sich der Himmel über uns zusammenbraut,*
*ist es höchste Zeit für ein Umdenken.*

# 12. April

Siempre y cuando estés dedicado a la obra de tu vida,
nunca estarás solo.

*Solange du dein Lebenswerk verfolgst, wirst du niemals allein sein.*

13. April

El color rojo en la vida aumenta la especulación.

*Die Farbe Rot im Leben gibt uns am meisten zum Spekulieren auf.*


14. April

Déjate despertar a besos por la tranquilidad
y la sencillez si todavía la oscuridad te rodea.

*Lass dich von der Ruhe und Einfachheit wachküssen,*
*wenn es noch dunkel um dich herum ist.*

Se y sigue siendo valiente y lleno de esperanza.

*Werde mutig, tapfer und hoffnungsvoll und dann bleibe es.*




Concentrarse en demasiadas cosas hace
que desaparezca lo realmente importante.

*Konzentrierst du dich auf zu viele Dinge,
verblasst das eigentlich Wichtige.*

## 17. April

Si tu cuerpo quiere decirte algo, habla con él.

*Wenn sich dein Körper zu Wort meldet,*
*solltest du dich mit ihm unterhalten.*


## 18. April

El apoyo y la ayuda están en todas partes pero
lo importante es que vengan del corazón.

*Unterstützung und Hilfe sind überall vorhanden,*
*wichtig ist, dass sie von Herzen kommen.*

## 19. April

Tú eres el responsable de tus acciones.

*Du behältst die Verantwortung für deine Taten.*


## 20. April

Cuando piensas que has llegado,
immediatamente se abre otra puerta.

*Wenn du glaubst, du bist angekommen,
öffnet sich sogleich eine weitere Tür.*

## 21. April

A la vida le gustan los retos y no el aburrimiento.

*Dein Leben mag Herausforderung und keine Langeweile.*

## 22. April

Las manchas oscuras son el alimento para tu florecer.

*Dunkle Flecken sind die Nahrung für dein Erblühen.*

## 23. April

En cada uno de nosotros existe una semilla que puede
desarrollarse muy bien.

*In jedem von uns steckt ein Samenkorn,*
*der sich wunderschön entwickeln kann.*

## 24. April

Un paso atrás no tiene porque ser un revés.
Un paso adelante no tiene porque ser un progreso.

*Einen Schritt zurückzugehen muss kein Rückschritt sein.*
*Ein Schritt nach vorne kein Fortschritt.*

## 25. April

El estrés es mágico y tiene mil caras.

*Stress ist magisch und hat Tausende Gesichter.*


## 26. April

Nosotros somos uno y siempre será así.

*Wir sind eins und wir werden es immer bleiben.*

# 27. April

A la vida le gustaría que actuaras son sabiduría.

*Das Leben möchte, dass du weise handelst.*


# 28. April

Cuando el dolor desaparece,
nos damos cuenta de lo bueno de la vida.

*Wenn Schmerzen vergehen, wissen wir erst wieder,*
*wie gut es uns sonst so geht.*

En tu vocación encuentras tu suerte
que te permite estar aquí y ahora.

*In deiner Berufung findest du dein Glück,
hier und jetzt sein zu dürfen.*



En el silencio podemos conocernos a nosotros mismos.

*In der Stille können wir uns erkennen.*

*Mayo*

Mai

# 1. Mai

Si siempre te mueves en los mismos círculos,
difícilmente conocerás círculos nuevos.

*Wenn du immer die gleichen Kreise drehst,*
*wirst du schwer andere Kreise entdecken.*

# 2. Mai

... adéntrate en el pasado y recoge lo que allí quedó.

*... ab in die Vergangenheit und schnell alles eingesammelt,*
*was dort geblieben ist ...*

# 3. Mai

Lo que hacemos o no hacemos,
no depende únicamente de nosotros.

*Was wir machen und nicht machen, hängt nicht nur von uns ab.*

# 4. Mai

Todo en la vida tiene su momento.

*Für alles in deinem Leben gibt es eine richtige Zeit.*

## 5. Mai

Cada kilómetro que recorres en la vida,
te va cambiando.

*Jeder zurückgelegte Kilometer in deinem Leben verändert dich.*

## 6. Mai

Si no empiezas, nunca verás dónde puedes llegar.

*Wenn du nicht startest, wirst du nie sehen,*
*wo du ankommen könntest.*

# 7. Mai

¿Cuándo vives tu vida?

*Wann lebst du dein Leben?*

# 8. Mai

Echa de tu vida todo aquello
que no forma parte de tu esencia.

*Das, was nicht zu deinem Wesen gehört, gehört aussortiert.*

## 9. Mai

La confianza,
es un arte de vivir que no siempre es fácil de crear.

*Vertrauen – ist eine Kunst des Lebens,*
*die nicht immer leicht zu kreieren ist.*


## 10. Mai

Allí donde dos almas se encuentran, surge el amor.

*Wo sich zwei Seelen verbinden, entsteht Liebe.*

¿Qué es la buena comunicación?
Cada uno lo entiende de manera diferente pero todos
estamos de acuerdo que tiene que ser abierta y amable.

*Unter einer guten Kommunikation versteht jeder etwas anderes,*
*doch wir sind uns alle einig, dass sie offen und liebevoll sein soll.*




Tu amor puede protegerte de todo.

*Deine Liebe kann dich vor allem beschützen.*

## 13. Mai

El tiempo es demasiado valioso
para hacer 10 cosas a la vez.

*Die Zeit ist zu schade,
um sich immer mit zehn Sachen gleichzeitig zu beschäftigen.*

## 14. Mai

Si la sencillez y la alegría se encuentran,
vas por buen camino.

*Wenn sich Einfachheit und Freude kreuzen,
dann ist es der richtige Weg.*

Nadie te puede arrebatar
las bonitas imágenes de tu cabeza.

*All die schönen Bilder in deinem Kopf*
*kann dir niemand mehr nehmen.*



No existe la derrota,
sólo una vida que ha planeado para tí algo diferente.

*Niederlagen gibt es nicht, nur ein Leben,*
*das etwas anderes für dich geplant hat.*

# 17. Mai

Si tu alma te habla, vale la pena dejar todo lo demás.

*Wenn deine Seele zu dir spricht,*
*lohnt es sich, alles andere liegen zu lassen.*

# 18. Mai

Puedes ver tu belleza todos los días de tu vida.

*Du kannst an jedem Tag in deinem Leben deine Schönheit sehen.*

Si la ola de la vida te atrapa,
te limpia y purifica al mismo tiempo.

*Wenn die Welle des Lebens dich erwischt,*
*reinigt und klärt sie dich zugleich.*




Nuestro potencial aumenta
si trabajamos codo con codo.

*Indem wir uns zusammentun, erhöhen wir unser Potenzial.*

No podemos aferrarnos a nada porque todos
y cada uno de nosotros es libre.

*Nichts kannst du festhalten, denn alles und jeder ist frei.*



No dejes que la vida arruine la pureza de tu carácter.

*Verdirb dir deinen reinen Charakter nicht durch das Leben.*

Nos podemos doblar, podemos huir de nosotros
mismos, pero eso no nos será de gran ayuda.

*Wir können uns verbiegen, wir können uns vollkommen*
*von uns selbst entfernen, doch helfen wird uns das nicht viel.*



Por la mañana,
cada uno elige su propia actitud personal para el día.

*Am Morgen wählt jeder seine ganz persönliche Einstellung*
*für den Tag.*

Nada de esto es nuevo, sólo tus oídos estaban errados.

*Nichts von dem ist neu, nur deine Ohren waren noch verschlossen.*




Nuestra mente es la fortaleza de nuestra propia creación.

*Unser Geist ist die Hochburg unserer eigenen Schöpfung.*

Déjate inspirar por la vida, tiene suficiente color.

*Lass dich inspirieren vom Leben, es ist bunt genug.*



Deja tu mano derecha libre,
así podrás aceptar la ayuda cuando se te ofrezca.

*Lass deine rechte Hand frei,
damit du mit ihr Hilfe annehmen kannst,
wenn sie dir angeboten wird.*

Escucha con paciencia
y con alegría lo que la vida quiere decirte.

*Lausche geduldig und munter, was das Leben dir sagen möchte.*




Bastante a menudo, un mejor resultado
es precedido por una mejor actuación.

*Ein besseres Resultat setzt nicht selten ein besseres Handeln voraus.*

Las fuerzas que fluyen en tu interior son un don.

- 91 -

*Durch dich hindurch fließen geschenkte Kräfte.*

Junio

Juni

# 1. Juni

Incluso cuando parece que el tiempo se te escurre,
tu semilla interior permanece.

*Auch wenn deine Zeit vergehen mag,*
*so bleibt doch dein innerer Kern erhalten.*

# 2. Juni

Si te aceptas tal cual eres, la ira se convierte en armonía.

*Wenn du bei dir selbst ankommst, wird aus Wut Harmonie.*

## 3. Juni

Quererlo todo y nada, nunca sucede a la vez.

*Alles und nichts zu wollen, passt nicht immer zusammen.*


## 4. Juni

Un simple cambio de perpectiva
a menudo proporciona una maravillosa vista.

*Ein einfacher Perspektivenwechsel sorgt oft für eine schöne Aussicht.*

Tu viaje a través de la vida es una cosa,
otra cosa es realizar en pareja este viaje.

*Durch dein Leben zu reisen ist das eine,*
*etwas anderes ist es, es zu zweit zu durchqueren.*




Sólo si lo das todo puedes tener
la sensación de que fue suficiente.

*Nur wenn du alles gibst,*
*kannst du das Gefühl haben, dass es genug war.*

## 7. Juni

Mientras permanezcas activo no puede
haber final para nada.

*Solange du lebendig bleibst, kann es kein Ende von etwas geben.*

## 8. Juni

La suma total de tu inocencia es el 50%.

*Die Unschuld gibt es in uns meist nur zu fünfzig Prozent.*

## 9. Juni

Cada día vale la pena hacer un viaje a uno mismo.

*Jeder Tag ist eine Reise zu dir selbst wert.*


## 10. Juni

El que habla es tu corazón, no tu boca.

*Dein Herz spricht, nicht dein Mund.*

Lo que haces es bueno,
pero es más importante el cómo lo haces.

*Das, was du tust, ist gut, doch wie du es tust, ist wichtiger.*



Si no empiezas, no puedes mejorar.

*Wenn du nicht anfängst, kannst du nicht besser werden.*

Cuando tú cambias te conviertes en una nueva persona.

*Wenn du dich veränderst, wirst du zu einem neuen Menschen.*




Una nueva vida destapa muchas preguntas nuevas.

*Ein neues Leben deckt viele neue Fragen auf.*

15. Juni
_______________________________________________

Tu alma es tu herramienta más poderosa.

*Deine Seele ist dein mächtigstes Werkzeug.*


16. Juni
_______________________________________________

A menudo no pasa nada,
pero en nuestra cabeza pasan muchas cosas.

*Es passiert oft nichts, dafür aber umso mehr in unseren Köpfen.*

Todo lo que ofrezca tu personalidad, proliferará.

*Alles, was du von deiner Persönlichkeit abgibst,*
*wird sich vermehren.*



No mires a izquierda y derecha en busca de lo malo,
tiende tu mano y ayuda.

*Schaue nicht nach links und rechts und suche das Schlechte,*
*sondern strecke deine Hand aus und hilf.*

Cuando llenas tu vida con tu vocación,
la vida no conoce el aburrimiento.

*Das Leben kennt keine Langeweile,
wenn du es mit deiner Berufung füllst.*



Si podemos oir, sentir y ver,
podemos vivir en armonia con nosotros mismos.

*Könnten wir hören, fühlen und sehen,
könnten wir im Einklang mit uns selbst leben.*

## 21. Juni

Tu espíritu está protegido por un manto invisible.

*Ein schützender Mantel liegt unsichtbar über deinem Geist.*

## 22. Juni

Captura los maravillosos momentos de la naturaleza
porque son de un valor incalculable.

*Fang dir die wunderbaren Momente der Natur ein,*
*denn sie sind unbezahlbar.*

Cuando nos protegemos unos a otros nos protegemos
a nosotros mismos, a nuestra identidad.

*Wenn wir uns gegenseitig beschützen,*
*bewahren wir uns – unser Selbst.*




Dale color a tu vida.

*Färbe dein Leben bunt.*

# 25. Juni

Tu valentía debe ser siempre tu compañera y amiga.

*Dein Mut soll dir stets ein sehr guter Freund und Begleiter sein.*

# 26. Juni

Cuando tú estás donde deberías estar, no te queda nada por cumplir.

*Wenn du dort bist, wo du sein solltest,*
*dann bleibt in dir nichts unerfüllt.*

# 27. Juni

Tu alma te regala confianza y esperanza.

*Deine Seele schenkt dir Vertrauen und Hoffnung.*


# 28. Juni

El conocimento infinito de este mundo está unido a tí.

*Das unendliche Wissen dieser Welt ist in dir vereint.*

La dulzura de la vida no está hecha de azúcar.

*Die Süße des Lebens besteht nicht aus Zucker.*



Tal vez es una gran falacia cuando decimos
que sabemos lo que es el amor.

*Es ist vielleicht ein großer Trugschluss,*
*wenn wir sagen, wir wüssten, was Liebe ist.*

Julio

Juli

# 1. Juli

Hagamos balance y actualicémosnos.

*Ziehen wir Bilanz und aktualisieren wir uns neu.*

# 2. Juli

Cualquier tipo de progreso está lleno de vigor
y permite que el esfuerzo se ablande.

*Fortschritte jeglicher Art sind sehr belebend*
*und sie lassen die Mühen verblassen.*

## 3. Juli

Si dejamos a las personas ser como son, evolucionan.

*Wenn wir die Menschen so lassen, wie sie sind,*
*werden sie sich dennoch weiterentwickeln.*

## 4. Juli

Cada enfermedad puede contarnos una historia, si la escuchamos, la podremos entender con más rapidez.

*Jede Krankheit kann eine Geschichte erzählen.*
*Wenn wir ihr zuhören, werden wir sie schneller verstehen.*

## 5. Juli

Las personas y las cosas que nos rodean, nos cambian.

*Wer und was uns umgibt, verändert uns.*

## 6. Juli

Si no hacemos nada, otros vivirán nuestros sueños.

*Wenn wir stehen bleiben, werden andere unsere Träume leben.*

No sólo la vida es un regalo, sino también cada segundo.

*Nicht nur das Leben ist ein Geschenk,*
*sondern auch jede einzelne Sekunde.*




Si una persona se cruza en tu camino, no te entretengas preguntándote en qué te puede ayudar ya que no tardará en seguir su camino.

*Wenn eine Person dein Leben kreuzt, überlege nicht zu lange,*
*was diese Person für dich tun kann, denn sie könnte schon längst*
*weitergegangen sein.*

El aprendizaje, un muy buen amigo que te acompaña
a lo largo de tu vida.

*Ein sehr guter Freund, der dich dein ganzes Leben begleitet,*
*nennt sich „Lernen".*




La alegría es cuando tu cara se relaja
y empiezas a sonreir.

*Freude ist, wenn sich das Gesicht entspannt und anfängt,*
*mit einem Lächeln zu strahlen.*

## 11. Juli

Quien habla, debe escucharse también a sí mismo.

*Wer spricht, sollte sich auch selbst einmal zuhören.*

## 12. Juli

Deshazte de todo lo que no es bueno para tí
y empieza de nuevo.

*Lege ab, was nicht gut für dich ist, und beginne neu.*

# 13. Juli

La confianza es una de las palabras más grandes,
seguida por la fe y el amor.

*Vertrauen ist wohl mit eines der größten Wörter,*
*die es gibt, gefolgt von Glaube und Liebe.*


# 14. Juli

El alma toca la música de tu corazón.

*Die Seele spielt die Musik deines Herzens.*

## 15. Juli

Consigamos un poco de claridad
en el cajón desastre de nuestra cabeza.

*Verschaffen wir uns Klarheit im Dschungel unseres Kopfes.*

## 16. Juli

No saber lo que pasará mañana
puede crear confianza en la vida.

*Nicht zu wissen, was morgen ist,*
*kann Vertrauen im Leben schaffen.*

La verdad flota en la superficie.

*Die Wahrheit schwimmt an der Oberfläche.*



El miedo tiene un lugar en la vida
pero no tiene que tomar el control.

*Die Angst darf ihren Platz im Leben haben,*
*nur ausbreiten darf sie sich nicht.*

## 19. Juli

Vivir en el aquí y ahora es el arte del presente.

*Im Hier und Jetzt zu leben ist die Kunst der Gegenwart.*


## 20. Juli

Por la noche puedes juntar otra vez lo
que te has perdido durante el día.

*Am Abend wird in dir wieder das zusammengefügt,*
*was dir über den Tag verloren ging.*

## 21. Juli

Todo se puede cambiar, incluso si no queremos creerlo.

*Alles ist veränderbar, auch wenn wir es nicht glauben wollen.*

## 22. Juli

Pocas veces entra alguien en tu vida sin razón.
Conocer esta razón es un regalo del cielo.

*Nur selten tritt jemand grundlos in dein Leben.*
*Den Grund dafür zu kennen ist ein Glückstreffer.*

## 23. Juli

Cambia la dirección y verás la vida de forma diferente.

*Einmal deine Richtung gewechselt
und schon sieht dein Leben um einiges anders aus.*

## 24. Juli

La inspiración es como una señal de tráfico
que te muestra un cambio de dirección.

*Inspirationen sind wie Wegweiser am Straßenrand,
die deinen Richtungswechsel anzeigen.*

## 25. Juli

El amor entre humanos es el progreso más importante
y más grande.

*Die Liebe unter den Menschen ist der größte
und wichtigste Fortschritt.*


## 26. Juli

La belleza en cada detalle de tu vida
es un poder infinito.

*Die Schönheit in jedem Detail deines Lebens ist eine Macht,
welche unendlich ist.*

El alivio puede ser de gran ayuda,
pero primero deberias probar remedios más obvios.

*Erleichterung kann dir vieles verschaffen,*
*Naheliegendes solltest du dabei zuerst ausprobieren.*




Se tu amigo de confianza, sigue tus propias reglas.

*Bleib dir ein treuer Freund, nach deinen Regeln des Lebens.*

## 29. Juli

A menudo vemos lo que queremos ver
y no lo que está ante nuestros ojos.

*Wir sehen sehr lange nur das, was wir sehen wollen,*
*und nicht, was vor unseren Augen ist.*

## 30. Juli

Las raíces de la vida te proporcionan
unos buenos cimientos.

*Die Wurzeln des Lebens erschließen dir deinen Untergrund,*
*der dich festhält.*

De todo y para todo hay una media naranja,
lo difícil es encontrarla.

*Von allem und für alles gibt es ein passendes Gegenstück,
das es zu finden gilt.*

## Agosto

August

# 1. August

Si deseas ser muy eficiente,
dedícate solo a aquello que sea más eficiente..

*Wenn du dir richtig viel leisten willst,*
*dann leiste dir nur das Wichtigste.*

# 2. August

Lo que se mueve en tu interior debe encontrar
la manera de salir.

*Was dich im Inneren bewegt, sollte den Weg nach draußen finden.*

La indiferencia es una conclusión errónea negativa.

*Gleichgültigkeit ist ein negativer Trugschluss.*



El progreso es el paso más importante en la vida.

*Der Fortschritt ist der wichtigste Schritt im Leben.*

Las piedras están ahí,
para que las apartes o pases por encima.

Steine sind dazu da, sie aus dem Weg zu räumen
oder über sie hinwegzufliegen.




Lleva tu belleza en tu corazón.

Trage deine Schönheit in deinem Herzen.

7. *August*

Cada uno habla su propio idioma.

*Jeder spricht seine eigene Sprache.*

8. *August*

Empezar de cero amplia tu horizonte.

*Wieder bei null anzufangen erweitert durchaus deinen Horizont.*

# 9. August

La riqueza de tu alma no tiene precio.

*Der Reichtum deiner Seele ist unendlich kostbar.*

# 10. August

Criticar a la gente es difícil de justificar.

*Kritik an Menschen ist schwer begründbar.*

# 11. August

Quien busca refugio, lo encuentra.

*Wer Zuflucht sucht, wird sie finden.*


# 12. August

Hay cosas en la vida con las que tienes que enfrentarte,
si no lo haces se amontonarán a tus pies hasta
que lo hagas.

*Es gibt Dinge im Leben, die hast du zu erledigen, und wenn nicht,*
*dann bekommst du sie so lange vor die Füße gelegt,*
*bis du sie aufhebst.*

# 13. August

Cuando la primera piedra empieza a rodar,
las otras simplemente se deslizan junto a ella.

*Wenn der erste Stein ins Rollen kommt,*
*gleiten die anderen einfach mit.*

# 14. August

El vacío surge donde se crean plazas libres.

*Leere entsteht dort, wo Plätze frei werden.*

Tú tienes tu propio camino...

*Du hast deinen eigenen Weg.*



Tu cuerpo no necesita más de todo,
sino todo lo ontrario.

*Meist braucht dein Körper nicht mehr von allem,*
*sondern genau das Gegenteil.*

## 17. August

En las disciplinas donde no existen límites,
no debes poner ninguno.

*In den Disziplinen, wo es keine Grenzen gibt,
solltest du dir auch keine setzen lassen.*

## 18. August

Las ideas emergentes animan e iluminan la vida.

*Aufsteigende Ideen beleben das Leben und lassen es bunter leuchten.*

## 19. August

Tu intuición es sabia
y te mostrará el camino si confías en ella.

*Deine Intuition weiß mehr und weist dir den Weg,*
*solange du ihr vertraust.*


## 20. August

¿Sabemos realmente lo bien que estamos?

*Wissen wir eigentlich, wie gut es uns geht?*

Lo que cuenta es que al final todo sale bien.

*Entscheidend ist, dass sich am Ende alles zum Guten wendet!*



Experiméntalo todo y dálo todo.

*Alles erleben und dabei alles geben.*

# 23. August

Las almas se reconocen entre sí,
incluso si las personas son ciegas.

*Die Seelen erkennen sich gegenseitig,*
*auch wenn die Menschen blind sind.*

# 24. August

Darse la vuelta y mirar hacia atrás nos
da una visión de lo que fue y de lo que será.

*Dich umzudrehen und zurückzublicken*
*eröffnet dir neue Sichtweisen für das, was war,*
*und das, was sein wird.*

La alegría de vivir y una sonrisa en la cara calientan
tu corazón y lo dejan brillar.

*Lebensfreude und ein Lächeln im Gesicht
erwärmen dein Herz und lassen es strahlen.*




Cuando la dedicación triunfa empieza
la verdadera perfección.

*Wenn die Hingabe siegt, beginnt die wahre Vollkommenheit.*

Es bueno tener aspiraciones,
pero es más emocionante aspirar a algo.

*Die Sehnsucht zu kennen ist gut,
sie zu durchleben noch viel spannender.*



Si el mundo gira, hay que girar con él.

*Wenn die Welt sich dreht, sollten wir uns mit ihr drehen.*

## 29. August

Cuando todo debe funcionar, nada funciona.
Será por alguna razón.

*Wenn alles funktionieren soll, funktioniert meist nichts.*
*Begründeterweise.*


## 30. August

Una tertulia agradable refresca tu mente
y te abre a nuevos pensamientos.

*Eine gesellige Runde erfrischt deinen Geist*
*und eröffnet dir neue Gedanken.*

La verdad está en tu corazón, no en tus labios.

- 141 -

*Die Wahrheit liegt in deinem Herzen und nicht auf deinen Lippen.*

Septiembre

September

# 1. September

Todo lo que nos define,
lo provocamos previamente nosotros en la vida,
por lo tanto no hay peros que valgan.

*Alles, was uns ausmacht, wurde von uns ins Leben gerufen,*
*und somit gibt es kein ABER.*

# 2. September

Siempre existen los pequeños detalles
que marcan la diferencia.

*Immer wieder sind es die kleinen Details,*
*die den großen Unterschied ausmachen.*

# 3. September

Si no existe la voluntad en tu interior,
no hallarás ningún camino.

*Wenn es in dir keinen Willen gibt, findest du auch keinen Weg.*

# 4. September

Es mejor resolver los problemas cuando surgen.

*Probleme lösen sich am besten dort, wo sie entstehen.*

# 5. September

Un alma fuerte y vigorosa no tiene miedo a mostrarse.

*Eine starke und kräftige Seele zeigt sich uns gern.*

# 6. September

Cada día nos trae algo nuevo e importante.

*Jeder Tag bringt wichtiges Neues mit sich.*

# 7. September

No existe una correcta soledad.

*Eine richtige Einsamkeit gibt es nicht.*

# 8. September

Solo obtendrás la paz si le das la bienvenida.

*Ruhe kehrt nur dann ein, wenn du sie willkommen heißt.*

## 9. September

"¿Quién lo habría pensado?" es un punto de vista lleno
de prejuicios debido a que casi todo es posible.

„Wer hätte das gedacht" zeugt von einer voreingenommenen
Sichtweise. Denn so ziemlich alles ist möglich.

## 10. September

Alcanza las estrellas del cielo
en vez de las piedras del suelo.

Greife nach den Sternen am Himmel
anstatt nach den Steinen am Boden.

## 11. September

Cada uno de nosotros tenemos recuerdos
que sólo nosotros podemos comparar
con nuestras propias vidas.

*Jeder von uns trägt Erinnerungen in sich,*
*die wir nur mit unserem eigenen Leben vergleichen können.*

## 12. September

El amanecer
y el atardecer encierran el día que nos pertenece.

*Sonnenaufgang und Sonnenuntergang*
*umschließen den Tag, der uns gehört.*

## 13. September

El alma conoce tus posibilidades, pregúntale.

*Die Seele kennt deine Möglichkeiten, frag sie doch mal.*


## 14. September

Aunque tus ojos siguen siendo los mismos,
tu punto de vista puede cambiar.

*Auch wenn deine Augen dieselben bleiben,
so kann sich doch dein Blick ändern.*

## 15. September

La pureza te permite brillar en el rostro de la vida.

*Die Reinheit lässt dich erstrahlen im Antlitz des Lebens.*


## 16. September

Da igual si los hechos son grandes o pequeños,
todos son imprescindibles.

*Egal, wie klein oder groß deine Tat auch sein mag,*
*sie ist dennoch unerlässlich.*

# 17. September

Tú eres el único responsable de diseñar tu vida.
Sólo tú puedes justicarte.

*Deine Lebensgestaltung liegt in deiner Eigenverantwortung.*
*Rechtfertigen musst du dich nur vor dir selbst.*

# 18. September

Cambia tus palabras y cambia el mundo.

*Veränderst du deine Wörter, veränderst du die Welt.*

# 19. September

Tu alma sueña tu sueño por tí.

*Deine Seele träumt für dich deinen Traum.*


# 20. September

El entusiasmo solo puede surgir
y prosperar en tí mismo.

*Begeisterung kann nur in dir selbst entstehen und gedeihen.*

## 21. September

El mayor poder pertenece al ego.

*Die größte Macht gehört dem Ich.*


## 22. September

Las diferencias vienen y van.

*Unterschiede kommen und gehen.*

## 23. September

Deberíamos inventar el tiempo,
así lo podríamos comprar embotellado.

*Wir sollten die Zeit erfinden,
dann können wir sie uns in Flaschen kaufen.*


## 24. September

Cada pensamiento pone algo en movimiento.

*Jeder Gedanke setzt einen Anfang in Bewegung.*

Las decepciones son un molesto lastre
en el camino del progreso.

*Enttäuschungen sind lästiger Ballast auf dem Weg der Verbesserung.*



El estrés tiene más de una cara.

*Stress hat mehr als nur ein Gesicht.*

## 27. September

Llámalo amigo antes que enemigo.

*Nenne „ihn" lieber Freund als Feind.*

## 28. September

La escala musical de la vida
tiene un número infinito de piezas listas para tí.

*Die Tonleiter des Lebens hält für dich*
*noch unendlich viele neue Stücke bereit.*

# 29. September

Has conseguido algo bueno
si has dado respuesta a tus preguntas.

*Wenn sich die Fragen auflösen und sich die Antworten ausbreiten,*
*dann bist du ein gutes Stück weitergekommen.*


# 30. September

Deja libre tu mente y podrás vivir realmente.

*Mach dein Gehirn frei, um wirklich leben zu können.*

# Octubre

Oktober

# 1. Oktober

Nos unimos y cogemos energia.

*Tanken wir Kraft, indem wir uns zusammentun.*


# 2. Oktober

El tiempo grita pendiente del resurgimiento
y el cambio y los primeros lo escuchan.

*Die Zeit schreit nach Aufbruch und Veränderung
und die Ersten hören ihr zu.*

# 3. Oktober

Lo que divulgamos se reutiliza.

*Was wir preisgeben, wird wiederverwendet.*

# 4. Oktober

La plenitud de la vida está justo enfrente de tí,
si la buscas.

*Die Fülle des Lebens ist direkt vor dir, wenn du sie suchst.*

# 5. Oktober

Echar el freno
y descansar es un auténtico desafío para los atemporales.

*Verweilen und Ruhen
ist eine echte Herausforderung für die Zeitlosen.*

# 6. Oktober

Piensa, reflexiona,
deja que surjan en tí cosas completamente diferentes.

*Denken – nachdenken, lassen in dir ganz andere Dinge entstehen.*

El minimalismo y la sencillez nos hacen mucho bien
fuera de la región cerebral.

*Minimalismus und Einfachheit tut uns
außerhalb der Gehirnregionen sehr gut.*




Decir que no, siempre incluye un sí.

*Nein sagen beinhaltet immer auch ein Ja.*

El amor embellece.

*Liebe macht schön.*




La mente puede ser muy creativa, pero al mismo tiempo necesita de la gente para compartirlo.

*Der Geist kann sich viel ausdenken,*
*doch zugleich braucht er den Menschen, um es zu teilen.*

# 11. Oktober

Tu rutina mantiene la rueda girando.

*Deine Routine hält das Rad lebendig.*

# 12. Oktober

Los caminos "cruzados" también nos llevan a Roma.

*Auch „verkreuzte" Wege führen nach Rom.*

Las voces sonoras son mejores que las silenciosas.

*Laut gehörte Stimmen sind besser als schweigende.*




El espíritu progresista persigue su camino.

*Der fortschrittliche Geist folgt seiner Bestimmung.*

# 15. Oktober

Una coma está lejos de ser un punto.

*Ein Komma ist noch lange kein Punkt.*

# 16. Oktober

Encontrarás lo inesperado cuando menos te lo esperes.

*Unerwartetes wartet auf dich, wenn du es nicht erwartest.*

# 17. Oktober

Deberíamos reflexionar más sobre aquello
que no entendemos.

*Das, was wir nicht verstehen,*
*sollte uns am meisten zu denken geben.*

# 18. Oktober

La resistencia es mantenerse firme bajo los objetivos.

*Durchhalten über das Ziel hinaus, das ist Ausdauer.*

# 19. Oktober

El que crea que no tiene amigos
que mire en el fondo de su vida.

*Wer glaubt, keine Freunde zu haben,*
*der schaue einmal genau in sein Leben hinein.*


# 20. Oktober

Las estaciones cambian cada 3 meses, ¿y tú?

*Das Jahr verändert sich alle drei Monate und du?*

# 21. Oktober

Cuando las cosas van demasiado bien,
a menudo nos olvidamos de lo esencial.

*Wenn es uns zu gut geht, vergessen wir oft das Wesentliche.*

# 22. Oktober

La emoción y el nerviosismo también tienen
su lugar en la vida.

*Aufregung und Nervosität haben auch ihre Berechtigung im Leben.*

# 23. Oktober

Cuando bajamos las escaleras,
podemos conversar mejor si estamos al mismo nivel.

*Wenn wir Treppen hinuntersteigen,*
*können wir uns besser auf gleicher Augenhöhe unterhalten.*

# 24. Oktober

La inseguridad se convierte en un problema
cuando está cubierta por otra cualidad.

*Unsicherheit ist dann problematisch,*
*wenn sie durch eine andere Eigenschaft überdeckt wird.*

# 25. Oktober

No tires por la borda lo viejo,
haz algo nuevo a partir de ello.

*Altes neu zu überarbeiten, ist oft besser, als es über Bord zu werfen.*


# 26. Oktober

Tu yo interior intenta justificarse.

*Dein Inneres sucht sich die Antworten auf seine Berechtigung.*

# 27. Oktober

Los días pasan y nosotros dejamos que pasen.

*Die Tage vergehen und wir lassen sie vorüberziehen.*

# 28. Oktober

La franqueza entre nosotros los hombres importa
mucho, intentamos entendernos unos a otros.

*Offenheit bei uns Menschen macht viel aus beim Versuch,*
*uns untereinander zu verstehen.*

# 29. Oktober

Los nuevos conocimientos ampliarán nuestros
horizontes y nos harán madurar.

*Neue Entdeckungen erweitern den Horizont und lassen uns reifen.*


# 30. Oktober

El discurso fue inventado para que no tuviéramos
que escucharnos a nosotros mismos.

*Das Reden wurde erfunden,*
*um sich selbst nicht zuhören zu müssen.*

La paciencia se aprende.
Tú tienes que rechazar otra forma de hacer las cosas.

*Geduld ist erlernbar. Du musst dafür nur alles von dir abweisen.*

Noviembre

November

# 1. November

La familia es la base de todo lo que crece,
a pesar de cómo defines "familia".

*Die Familie ist der Grundstein für all das, was heranwächst,
ganz egal, wie du „Familie" definierst.*

# 2. November

Las cosas triviales deberían seguir siéndolo
y no disfrutar al salir al mundo.

*Belangloses sollte belanglos bleiben
und nicht den Weg in die Welt nach draußen genießen.*

## 3. November

Algún día tendrás tendrás la recompensa en tus manos
por todos los esfuerzos que has hecho.

*Eines Tages wird der Preis in deinen Händen liegen
für all die Anstrengungen, die du getätigt hast.*

## 4. November

Cuando esclarece el día todo vuelve a empezar de cero
y todo puede alcanzar el infinito.

*Wenn der Tag anbricht, beginnt wieder alles bei null
und alles kann die Unendlichkeit erreichen.*

# 5. November

Una oración a veces puede ser suficiente.

*Ein Satz kann zuweilen genug sein.*


# 6. November

Las lágrimas de la rutina del día purifican el alma.

*Die Tränen des Alltags sind für die Seele eine reinigende Erlösung.*

## 7. November

Todos somos seres humanos
y podríamos ayudarnos unos a otros.

*Wir sind alle Menschen und wir könnten uns gegenseitig helfen.*


## 8. November

Nuestro cuerpo es algo más que una cáscara.
Es el 100% de nosotros mismos.

*Unser Körper ist mehr als eine Hülle, die uns umgibt,*
*er ist hundert Prozent wir selbst.*

# 9. November

Bajo presión las cosas superficiales se hacen evidentes,
pero no su significado más profundo.

*Unter Druck kommt nur das ans Tageslicht,*
*was sich ganz oben befindet, nicht aber der tiefere Sinn.*

# 10. November

¡Nadie puede decir que no existe lo que se quiere!

*Keiner kann sagen, das, was er will, gibt es für ihn nicht!*

# 11. November

Desear algo vale la pena.

*Sich etwas zu wünschen, ist sehr wünschenswert.*

# 12. November

¿Puedes compartir una sonrisa con nosotros?

*Hast du ein Lächeln für uns andere übrig?*

# 13. November

Dejemos que la alegría crezca donde no haya.

*Lassen wir überall dort Freude entstehen,*
*wo wir ihr am wenigsten begegnen.*


# 14. November

La muerte es una sombra que te rodea.
No tengas miedo de ella, no puede evitarlo.

*Der Tod ist ein Schatten, der dich umgibt.*
*Habe keine Angst vor ihm, er kann nichts dafür.*

# 15. November

El conocimiento no se basa en datos electrónicos,
sino que es de carne y hueso.

*Das Wissen verbirgt sich nicht in elektronischen Details,
sondern tief zwischen Fleisch und Blut.*


# 16. November

Dios estará a nuestro lado cuando queramos.

*Gott wird bei uns sein, wenn wir es wollen.*

## 17. November

En punto muerto no hay mucho movimiento.

*Im Stillstand bewegt sich meist nicht viel.*

## 18. November

Podemos hacer mucho más de lo que podemos ver,
mucho más de lo que pensamos
y mucho más de lo que soñamos.

*Wir können viel mehr, als wir sehen, viel mehr, als wir erahnen,*
*und viel mehr, als wir uns erträumen.*

## 19. November

Tu propio hogar es la fuente de energía
de todas las acciones posteriores.

*Das eigene Heim ist die Kraftquelle aller folgenden Taten.*

## 20. November

Los corazones vivos no deberían desaparecer.

*Auf dass die lebenden Herzen nicht verzweifeln.*

Nos molesta si no podemos ver tu cara.

*Wenn wir dein Gesicht nicht erkennen können,*
*bringt uns das Unwohlsein.*




Encontramos calor y afecto cuando nos prestamos
más atención unos a otros.

*Die Wärme und Zuwendung unter uns finden wir dann,*
*wenn wir uns mehr aufeinander zubewegen.*

# 23. November

El futuro empieza en cada momento
y nos cambia si continuamos en movimiento.

*Die Zukunft startet in jedem Augenblick
und verändert uns, wenn wir beweglich bleiben.*


# 24. November

Nuestra alma se mueve en el viento de la vida
y le gusta ser guiada por nosotros.

*Unsere Seele bewegt sich im Wind des Lebens
und lässt sich gerne von uns leiten.*

## 25. November

¡Stop! Da un giro de 180º
y disfruta de la vida en todo su esplendor.

*Stopp! Dreh dich 180 Grad im Kreis
und erlebe das Leben in seiner vollen Pracht.*

## 26. November

Los caprichos de la vida hacen señas
en vano si estamos de acuerdo.

*Die Launen des Lebens winken vergebens, wenn wir uns einig sind.*

# 27. November

Si se cruza un desconocido en tu vida,
mejor hacer caso omiso.

*Kreuzt ein dir noch unbekannter Mensch dein Leben,*
*übersieh ihn lieber nicht.*


# 28. November

Es difícil tener una opinión si no estás en el sitio,
en cualquier caso el amor es mejor que el odio.

*Wer nicht vor Ort ist, kann sich schwer eine Meinung bilden,*
*dennoch ist Liebe schöner als Hass.*

# 29. November

Liberémonos de nuestros deberes,
de la presión y del estrés.

Entkoppeln wir uns vom Muss,<br>
entkoppeln wir uns auch von Druck und Stress.

# 30. November

Los expertos han dejado de cavar bajo la superficie.

*Spezialisten haben aufgehört, an der Oberfläche zu graben.*

Diciembre

Dezember

## 1. Dezember

Todo lo que necesitas está a la espera de ser recogido.

*Alles, was du brauchst, wartet schon darauf, abgeholt zu werden.*

## 2. Dezember

Solo hoy:
no te rindas,
no te adaptes,
sigue tu voz interior.

*Nur heute:*
*nur heute verbiege dich nicht*
*nur heute passe dich nicht an*
*nur heute folge deiner inneren Stimme*

Todo lo que necesitas está a la espera de ser recogido.

# 3. Dezember

¡No hagas nada y disfruta de ello!

*Nichts tun und dabei Spaß haben!*

# 4. Dezember

Cada uno puede hacer algo al día para mejorar la vida.

*Jeder kann einen täglichen Beitrag für ein besseres Leben leisten.*

¡No hagas nada y disfruta de ello!

## 5. Dezember

Sigue lo que te mueve en tu interior, hasta el final.

- 194 -

*Verfolge das, was dich im Inneren bewegt, bis zum Schluss.*

## 6. Dezember

Nuestra alma siempre vuelve a sus orígenes.

*Unsere Seele kehrt immer wieder zum Ursprung zurück.*

El cuerpo: el instrumento con el que
podemos tocar nuestra canción.

*Der Körper: das Instrument,
mit dem wir unser Lied spielen dürfen.*



Los pensamientos puros prosperan en un entorno puro.

*Ist die Umgebung rein, so folgen die Gedanken dieser Reinheit.*

# 9. Dezember

La vida es emocionante cuando no la limitamos.

*Das Leben ist aufregend, wenn wir es nicht begrenzen.*


# 10. Dezember

Siempre que quieres ser un ganador, lo eres.

*Wann immer du ein Gewinner sein willst, bist du einer.*

# 11. Dezember

No importa cómo, tú y tu vida no teneis precio.

*Egal wie, du bist kostbar und dein Leben wertvoll.*

# 12. Dezember

Siempre que sea posible,
no te cruces en tu propio camino.

*Wann immer es geht, steh dir nicht selbst im Weg.*

# 13. Dezember

Somos compatibles con aquello que nos forma.

*Wir sind kompatibel mit dem, was uns ausmacht.*

# 14. Dezember

Todo lo que tú no puedes hacer, puedes hacerlo.

*Alles, was du nicht kannst, kannst du.*

# 15. Dezember

Es fuerte aquel que puede controlar sus emociones.

*- 199 -*

*Stark ist, wer emotionale Ausbrüche regulieren kann.*

# 16. Dezember

Tus sueños son reales, fases „tangibles" en la vida.

*Deine Träume sind reale „anfassbare" Lebensabschnitte.*

# 17. Dezember

La verdadera percepción puede verse en la naturaleza.

*Die wahre Vollkommenheit erscheint uns in der Natur.*

# 18. Dezember

Mira e interpreta la señales que hay en la carretera
de tu vida.

*Sieh und deute die Zeichen, die an deinem Wegesrand stehen.*

# 19. Dezember

La lista de tareas por hacer en nuestra vida
es mucho más larga de lo que nosotros imaginamos.

*Die To-do-Liste unseres Lebens ist viel größer,
als wir heute erahnen können.*

# 20. Dezember

Los círculos de la vida se cierran una y otra vez
y se adaptan nuevamente.

*Die Kreise des Lebens schließen sich immer wieder
und passen sich neu an.*

La contemplación nos da el poder para reconocer
lo que existe y para ver lo que puede existir.

*Besinnlichkeit gibt uns die Kraft, anzuerkennen, was ist,*
*und zu sehen, was sein kann.*



La serenidad nos da paz interior
cuando no está marcada por la indiferencia.

*Gelassenheit, die nicht durch Gleichgültigkeit geprägt ist,*
*gibt uns innere Ruhe.*

## 21. Dezember

La contemplación nos da el poder para reconocer
lo que existe y para ver lo que puede existir.

*Besinnlichkeit gibt uns die Kraft, anzuerkennen, was ist,*
*und zu sehen, was sein kann.*

## 22. Dezember

La serenidad nos da paz interior
cuando no está marcada por la indiferencia.

*Gelassenheit, die nicht durch Gleichgültigkeit geprägt ist,*
*gibt uns innere Ruhe.*

La claridad en la vida nos beneficia a todos.

- 204 -

*Klarheit im Leben kommt uns allen zu Gute.*




Tu fe es el origen de la eternidad.

*Dein Glaube ist der Ursprung der Unendlichkeit.*

# 27. Dezember

La vida no hace ninguna pausa,
el ser humano desgraciadamente sí.

*Das Leben macht keine Pause, der Mensch leider schon.*


# 28. Dezember

Lo viejo está a punto de terminar
y lo nuevo te está ya esperando.

*Das Alte neigt sich zu Ende und das Neue wartet schon auf dich.*

# 29. Dezember

En primer lugar voy a darlo todo,
solo entonces puedo cogerlo todo.

*Zuerst will ich alles geben, erst dann kann ich alles nehmen.*

# 30. Dezember

Sigue tu camino, tu voz interior,
no importa que te hable de forma extraña.

*Folge deinem Weg, deiner inneren Stimme,*
*ganz egal, wie verrückt sie zu dir spricht.*

Y nosotros, los que estamos leyendo estas líneas,
tenemos mucho más en la vida que lo
que podríamos compartir.

*Und wir, die wir diese Zeilen lesen, haben noch so viel mehr im
Leben, was wir teilen könnten.*

Die 365 Sätze entstanden, Tag für Tag, in einer Zeit, die viel Neues für mich bereithielt.

Als die Stimme mich rief, bin ich ihr gefolgt, bis zu diesem Buch. Nun folgst du ihr und trägst die Sätze in dir, bis an ihr nächstes Ziel.

# Über die Autorin

2015 trat ich meine Reise als Autorin an. Eine Reise und oft auch ein Abenteuer, bei dem ich nicht im Geringsten ahnte, wohin es mich führen wird.

Erst entstand ein Buch. Ganz naiv und einfach so habe ich es veröffentlicht. Dann folgte ein zweites und jetzt sind es über dreizehn Bücher, die ich herausgegeben habe. Und es werden noch mehrere Bücher kommen, denn das Schreiben lässt mich nicht los.

Ich träume davon, dass ich schreiben soll. Eine unsichtbare Hand schiebt mich immer dann nach vorn, wenn ich mal wieder eine Weile nicht geschrieben habe. Diese Hand ermahnt mich sanft, diesen Weg immer weiterzugehen, egal wohin er führen mag.

Daher, wir wissen nie, was das Leben mit uns vorhat, doch wenn wir uns darauf einlassen, dürfen wir oft Spannendes erleben.

Dank meiner Bücher kann ich dich heute auf vielen Ebenen inspirieren, ich kann meine Gedanken mit dir teilen und sie zugleich in die Welt tragen. So kann ich das leben, was mein Herz sich wünscht.

Heute begleiten mich die verschiedensten Menschen auf meinem Weg und du bist jetzt einer davon. Denn durch die Zeilen in meinen Büchern sind wir verbunden. Die Worte sprechen zu dir, so als wenn ich sie dir direkt erzählt hätte.

Egal wo ich lebe und noch leben werde, das Schreiben wird etwas sein, was ich überallhin mitnehme. Es wird mich wohl bis ans Ende meiner Tage begleiten. Und das ist gut so, denn so inspiriere ich Menschen nicht nur zum Lesen, nein, viele Menschen habe ich auch dazu inspirieren können, ihr eigenes Buch zu schreiben. Du musst wissen, sein eigenes Buch zu schreiben, das ist ein ganz besonderer Prozess und zugleich eine sehr schöne Erfahrung.

Daher, wir wissen nie, was das Leben noch alles mit uns vorhat!


For a better life
Bettina Gronow

# Buchempfehlungen

**Bettina Gronow**

## AN 365 TAGEN

Dein Tagesbegleiter
in deutsch.

Greife nach den Sternen
am Himmel anstatt nach
den Steinen am Boden.

**Bettina Gronow**

## ON 365 DAYS

Dein Tagesbegleiter in
englisch / deutsch.

Reach for the stars in
the sky and not for the
stones on the ground.

**Bettina Gronow**

## 365 JOURS

Dein Tagesbegleiter in französisch / deutsch.

Saisis les étoiles dans le ciel au lieu de ramasser les pierres au sol.

**Bettina Gronow**

## 365 TAGE LEBENSENERGIE

Dein Tagesbegleiter in 4 Sprachen.

Greife nach den Sternen am Himmel anstatt nach den Steinen am Boden.